Bezaubernde
Scherenschnitte

Erna Nasser

Bezaubernde Scherenschnitte

ENGLISCH
VERLAG

Die Deutsche Bibliothek – CIP-Einheitsaufnahme
Bezaubernde Scherenschnitte/Erna Nasser. - Wiesbaden: Englisch, 1995
ISBN 3-8241-0601-9
© by F. Englisch GmbH & Co Verlags-KG, Wiesbaden 1995
ISBN 3-8241-0601-9
Fotos Axel Weber
Printed in Spain

Inhaltsverzeichnis

Vorwort

Für Scherenschnitte gibt es vielerlei
Verwendungsmöglichkeiten, zum
Beispiel als Wandschmuck, Briefkar-
te oder Tischkärtchen. Besonders viel
Spaß macht die Herstellung von
Scherenschnitten, wenn Sie sich mit
Freunden treffen und dann gemein-
sam „schnippeln".
Der Ursprung des Scherenschnittes
liegt in China. Seit dem 17. Jahrhun-
dert ist er auch bei uns in Europa be-
kannt. Er hielt Einzug in die obere
Gesellschaftsschicht und gewann als
Portrait, Landschaftsabbildung und
Märchenillustration große Beliebt-
heit.
In diesem Buch stelle ich Ihnen Ein-
zelscherenschnitte vor, die aus einem
einzigen Stück Papier geschnitten
werden. Die verschiedenen Motive
habe ich selbst entworfen. Mit ein
bißchen Übung werden Sie schon
bald Ihre eigenen Scherenschnitte
entwerfen und ausschneiden können.
Ich wünsche Ihnen viel Spaß bei die-
ser kreativen Freizeitbeschäftigung.

Ihre Erna Nasser

Grundlagen und Materialien

Papier und Scheren

Zum Schneiden von Scherenschnitten benötigen Sie schwarzes, mattes, gummiertes Papier. Nicht gummiertes Papier ist ungeeignet.
Das Papier kaufen Sie am besten in einem Fachgeschäft oder in einem guten Kaufhaus als Block mit 10 Blatt. Sie können auch buntes, gummiertes Papier verwenden, das in 12 verschiedenen Farben erhältlich ist. Größere Bogen in jeder Farbe können Sie in Fachgeschäften einzeln kaufen.
Zum Aufkleben der Motive benötigen Sie weiße Zeichenblätter in DIN-A4-Größe. Sie können Ihre Motive auch auf Briefkarten aufkleben. Möchten Sie Tischkarten herstellen, falten Sie die Briefkarten einfach in der Hälfte.
Die Größe des von Ihnen benötigten Scherenschnittpapiers hängt davon ab, wie groß das Hintergrundpapier ist, auf das Sie den fertigen Scherenschnitt aufkleben möchten. Bei einem Hintergrundbogen in DIN-A4-Größe sollte das Scherenschnittpapier etwa 16 x 23 cm groß sein. Möchten Sie Ihr Motiv nur auf einen halben DIN-A4-Bogen aufkleben, sollte Ihr Scherenschnittpapier 16 x 12 cm groß sein. Soll Ihr Hintergrund nur Postkartengröße haben, verringert sich die Größe Ihres Scherenschnittpapiers auf 7 x 10,5 cm. Die Scherenschnittpapiergröße für eine Doppelkarte beträgt 7 x 8 cm, die für eine Tischkarte 6 x 6 cm.
Zum Schneiden brauchen Sie zwei kleine, spitze Scheren. Die eine Schere sollte eine kurze Schneidfläche haben, die andere sollte etwa die Größe einer normalen Stickschere haben. Die Schneidflächen der Scheren sollten auf der gesamten Länge gleichmäßig scharf sein. Vor dem Kauf einer Schere probieren Sie sie am besten immer aus.
Zum Aufkleben der Scherenschnitte benötigen Sie einen kleinen Schwamm, zum Beispiel einen Briefmarkenschwamm, mit dem Sie die gummierte Rückseite Ihres Scherenschnittes anfeuchten.

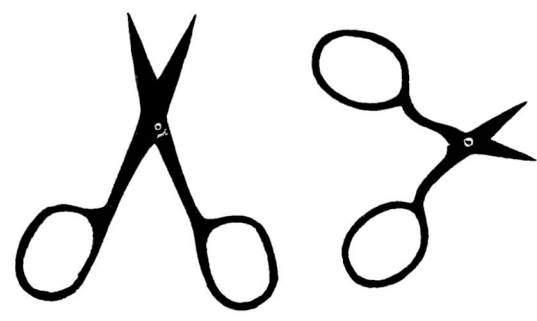

So entsteht
ein Scherenschnitt

Wenn Sie Ihr Scherenschnittmotiv ausgewählt haben, zeichnen Sie es mit einem weichen Bleistift auf die gummierte Seite Ihres Papieres auf. Das Ausschneiden eines Scherenschnittes, egal welcher Größe, beginnen Sie immer in der rechten unteren Ecke. Beim Schneiden halten Sie das Papier mit Daumen und Zeigefinger der linken Hand fest und drehen es in Schnittrichtung. Die rechte Hand, die die Schere hält, bewegen Sie nicht. Zuerst schneiden Sie nur den äußeren Umriß Ihres Motivs aus und beginnen dann mit den Feinarbeiten. Dazu benutzen Sie die Spitze der Schere. Möchten Sie Personen ausschneiden, beginnen Sie Ihre Feinarbeiten am Kopf, schneiden dann den Kragen, die Arme, den Körper und die Beine aus. Bei einem Haus beginnen Sie am Dach und schneiden dann Fenster und Türen aus. Gitter, Bäume usw. schneiden Sie immer als letztes. Möchten Sie ein Loch schneiden, legen Sie das Papier über die Spitze Ihres linken Zeigefingers, stechen mit der Scherenspitze etwa dort ein, wo später die Mitte des Loches sein soll und schneiden es gegen den Uhrzeigersinn aus. Zum Schluß runden Sie die untere Bildkante Ihres Scherenschnittes Ihrem Geschmack entsprechend ab.

Haben Sie versehentlich zuviel abgeschnitten?

Wenn Sie versehentlich zuviel abgeschnitten haben, können Sie das Teil,
sofern Sie es noch haben, später
beim Aufkleben des Schnittes anfü-
gen. Ist das Teil nicht mehr zu finden
oder zerschnitten, können Sie ein Er-
satzteil ausschneiden. Beim späteren
Aufkleben sollten Sie darauf achten,
daß die Nahtstelle nicht zu sehen ist.
Ist das doch der Fall, ziehen Sie mit
einem schwarzen Kugelschreiber einen feinen Strich auf die Nahtstelle.
Die hier beschriebene Technik des
Ausschneidens ist bei jedem Scherenschnitt gleich, egal ob es sich um ein
kleines oder um ein größeres Motiv
handelt.

So schneiden Sie aus freier Hand

Wenn Sie einen Scherenschnitt ohne
Vorzeichnung aus freier Hand
schneiden möchten, schauen Sie sich
Ihr Motiv genau an. Nehmen Sie sich
dann ein Stück Papier, zum Beispiel
einen Notizzettel, und fangen in der
unteren rechten Ecke an zu schneiden.
Beim Grasschneiden versuchen Sie
den nach oben geschnittenen Gras-
halm nach links unten wieder
zurückzuschneiden. Auf der linken
Seite der Schere können Sie gut sehen, wie dick oder dünn Sie schneiden. Schneiden Sie nicht alles gleich
lang. Sehen Sie sich die unterschied-
lichen Motive in diesem Buch an und
versuchen Sie, Bogen und Rundun-

gen nachzuschneiden. Wenn Sie Gras, eine Blume und eine Tanne auswählen, haben Sie schon ein kleines Motiv.

Nach ein wenig Übung werden Sie sehen, daß das Schneiden gar nicht schwer ist.

Sollten Sie feststellen, daß Ihnen das Schneiden aus freier Hand keine Freude bereitet, können Sie auch jedes Motiv aus diesem Buch auf einen Bogen Papier kopieren. Diesen Bogen legen Sie dann auf ein Stück Scherenschnittpapier und befestigen ihn. Nun schneiden Sie die Kopie aus und haben darunter das fertige Bild (siehe Abbildungen Seite 10).

So kleben Sie Ihren Scherenschnitt auf

Vor dem Aufkleben sollten Sie Ihren Scherenschnitt glattpressen, zum Beispiel in einem Buch. Den gepreßten Scherenschnitt legen Sie auf die Mitte des Hintergrundpapiers. Mit einem nassen Schwämmchen feuchten Sie Ihren Zeigefinger an, mit Ihrem Zeigefinger den unteren Rand Ihres Scherenschnittmotivs. Mit einem weißen Taschentuch drücken Sie den angefeuchteten Rand sofort auf das Hintergrundpapier. Verwenden Sie zum Andrücken niemals ein Papiertaschentuch, denn es hinterläßt auf dem schwarzen Papier weiße Flusen, die nur schwer wieder zu entfernen sind.

Wenn Sie den unteren Rand angeklebt haben, kann das Bild nicht mehr verrutschen. Mit der Scherenspitze heben Sie nun Ihr Motiv an, feuchten den nächsten Streifen, zum Beispiel Gräser und Blumen an, und drücken ihn mit dem Taschentuch fest. Auf diese Weise kleben Sie Ihren Scherenschnitt Stück für Stück von unten nach oben auf dem Hintergrundpapier fest. Wollen Sie einen Baum aufkleben, beginnen Sie mit dem Stamm. Danach kleben Sie jeden Ast einzeln von unten nach oben auf. Ebenso verfahren Sie bei großen Blumen, Personen und Häusern: Sie beginnen in der Mitte und kleben die einzelnen Teile von unten nach oben hin fest.

Feuchten Sie niemals Ihr gesamtes Motiv auf einmal an, weil es sich dann zusammenrollt und sich nicht mehr aufkleben läßt.

Möchten Sie Ihren Scherenschnitt, egal welcher Größe, unter Glas einrahmen, genügt es, wenn Sie Ihr Motiv an einzelnen Punkten anfeuchten und dann auf dem Papier festkleben. Motive, die eine Brief- oder Tischkarte schmücken sollen, sollten Sie ganz aufkleben, da nicht festgeklebte Teile leicht abreißen.

Motive für Tischkarten kleben Sie auf die linke Seite der Karte auf, dann können Sie die rechte Seite beschreiben.

Scherenschnittmotive

Motive für Anfänger

Flora und Fauna

Osterglocken

Die Blätter der Osterglocken schneiden Sie lang und dünn. In die großen Blätter schneiden Sie mit der Scherenspitze kleine längliche Löcher.

Blumenstrauß

Den Blumenstrauß fangen Sie unten in der Mitte an. Die Blätter und die Blütenblätter schneiden Sie mit der Scherenspitze aus.

Wiesenblumen

Bei diesem Blumenarrange-
ment fangen Sie ebenfalls in
der Mitte unten an zu schneiden und schneiden gegen den
Uhrzeigersinn ganz herum. Den
Mittelpunkt der großen Blume
schneiden Sie mit der Scherenspitze aus, dann erst schneiden
Sie die Blütenblätter mit feinen
Streifen gegen den Uhrzeigersinn.

Igel mit Tulpen

Bei dem Igel sollten Sie darauf achten, daß er mit seinen Stacheln

halbrund ausgeschnitten wird und daß nicht alle Stacheln gleich lang werden. Für das Auge des Igels stechen Sie mit der Scherenspitze ein kleines Loch und schneiden es aus.

Die Blüten und Blätter schneiden Sie am Ende spitz zulaufend.

In die Tulpen stechen Sie mit der Scherenspitze ein und schneiden sie gegen den Uhrzeigersinn aus. In die Blätter der Blumen können Sie feine Streifen schneiden.

Igel mit Glockenblume

Bei diesem Motiv schneiden Sie die Blüten rund. Für die Blüten der Glockenblumen schneiden Sie einen kleinen Rechtsbogen, drei kleine Spitzen und einen Linksbogen.

Schnecke mit Blumen

In das Schneckenhaus stechen Sie mit der Schere rechts ein und schneiden nach links. Indem Sie nach rechts zurückschneiden, schneiden Sie einen feinen Streifen aus.

Schnecke mit Tulpen

Die Blätter und Blütenblätter schneiden Sie spitz zu. Achten Sie darauf, daß Sie niemals alle Blätter gleich lang schneiden.

Schnecke mit Glockenblume

Die Glockenblume schneiden Sie zuerst in ihrem Umriß fertig. Dann schneiden Sie die weißen Zwischenräume aus.

Vögel auf dem Zaun

Sie schneiden das Motiv von rechts nach links aus. Dann erst schneiden

Sie die weißen Felder aus,
indem Sie mit der Scherenspitze in der Mitte einstechen und gegen den Uhrzeigersinn schneiden. Achten
Sie darauf, daß Sie in der
Mitte unter dem Gitter das
Gras und den Pilz aus-
schneiden.

Vögel auf einem Pilz

Die Löcher im Pilz schneiden Sie
gegen den Uhrzeigersinn aus. Im
unteren Teil des Pilzes stechen
Sie im Bogen ein und schneiden
feine Streifen nach oben. In den
Fuß des Pilzes schneiden Sie ein
Kleeblatt.

18

Vögel mit Hagebutten

Die Hagebutten schneiden Sie oval
mit je drei Spitzen. Die Dornen
schneiden Sie lang und spitz.

Gans mit Blumen

Für die weißen Zwischenräume in
den Blättern der Blumen und in der
Gans stechen Sie mit der Scherenspitze ein und schneiden feine Streifen
aus.

Küken

Die weißen Zwischenräume, das Ei
und das Auge des Kükens werden
ausgeschnitten, indem Sie mit der

Scherenspitze in der Mitte einstechen
und gegen den Uhrzeigersinn ausschneiden.

Baumstudien

Bäume mit Kranich

Den Kranich beginnen Sie an der rechten Seite des Beines und schneiden bis zum Schnabelende. Mit der Scherenspitze stechen Sie ein Loch zwischen Schnabel und Hals und schneiden die weiße Fläche gegen

den Uhrzeigersinn aus. Erst dann
schneiden Sie an der linken Seite vom
Bein hinunter. Dadurch verhindern
Sie das Abreißen des Kranichs.

Baum mit Gänsen

Den oberen Teil des Scherenschnittes einschließlich des
Gitters schneiden Sie fertig
aus. Für den oberen
Teichrand stechen Sie mit
der Schere unten rechts ein
und schneiden im Bogen
nach links. Dann fangen Sie
wieder unten rechts an und
schneiden nach links die
Gänse aus.

22

Tanne mit Vögeln

Schneiden Sie das gesamte Motiv
einschließlich der Vögel auf dem
Baum in einem Stück von rechts nach
links aus.

Tanne mit Zaun

Schneiden Sie zuerst den
Umriß von rechts nach
links aus. Dann schneiden
Sie in die Zwischenräume
des Gitters, die Blume, den
Stamm der Tanne und den
Pilz. Zum Schluß runden
Sie die untere Bildkante
ab.

23

Tanne mit Igel

Zuerst schneiden Sie die Umrisse des Motivs aus, einschließlich der oberen Teile der Pfosten, des Vogels und des oberen Teils des Stacheldrahtes. Dann schneiden Sie den unteren Teil des Stacheldrahtes mit dem Igel, dem Gras und dem Pilz aus.

Bäume mit Teich

Zuerst schneiden Sie die Umrisse des Motivs aus. Dann stechen Sie mit der Scherenspitze in der rechten unteren Ecke des Teiches ein Loch und schneiden den Innenbogen von rechts nach links ganz aus. Danach schnei-den Sie die untere Kante des Teiches, einschließlich der Umrisse der Pflanzen und des Bootes.
Zum Schluß schneiden Sie die weißen Felder innerhalb des Bootes aus.

24

Weide und Tanne

Fangen Sie das Motiv rechts unten an
und schneiden Sie die Pfosten, die Vögel und die obere Kante des Stacheldrahtes gleich mit aus. Nun schneiden Sie die weißen Zwischenräume
gegen den Uhrzeigersinn aus. Achten
Sie darauf, daß der Stacheldraht
oben zwei kleine Spitzen und unten
nur eine Spitze hat.

Apfelbaum

Fangen Sie in der rechten
unteren Ecke an und schneiden Sie den gesamten Umriß
fertig. Für die Äpfel schneiden Sie zuerst einen Halb-
kreis, dann drei kleine Spitzen und wieder einen Halb-
kreis. Für die weißen Zwischenräume stechen Sie mit
der Scherenspitze ein Loch
und schneiden die Flächen
gegen den Uhrzeigersinn
aus.

Baum mit Lamm

Bei diesem Baum sollten Sie darauf
achten, daß Sie die Knospen versetzt
schneiden. Am Ohr des Lammes stechen Sie mit der Scherenspitze ein
und schneiden einen schmalen Bogen
aus.

27

Baum mit Vögeln

Den Baum schneiden Sie von rechts
nach links in einem Stück. Achten Sie
darauf, daß Sie die Blätter länglich
mit einer kleinen Spitze am Blattende
schneiden.

Baum mit Vögeln und Pilz

Sie beginnen rechts unten und
schneiden in einem Arbeitsgang das
Motiv einschließlich der Vögel, des
Stacheldrahts und der Gans aus. Danach schneiden Sie die weißen Felder zwischen dem Stacheldraht aus.

Bäume mit Zaun

Bei diesem Motiv arbei-
ten Sie die Gräser, den
Baumstamm und den
Igel in den Zaun ein.
Dazu stechen Sie das
Gitter unten rechts
ein und schneiden
gegen den Uhrzeiger-
sinn bis unten links.
Das Gras wird
also zuletzt
ausge-
schnitten.

Baum mit Schnecke

Bei diesem Baum sollten Sie darauf achten, daß Sie die Blätter lang und spitz und nur auf der unteren Seite der Äste schneiden.

Bäume mit Reh

Schneiden Sie die Umrisse
der oberen Hälfte fertig aus.
Dann stechen Sie an den
Beinen des Rehs mit der
Scherenspitze ein und
schneiden die Fläche gegen
den Uhrzeigersinn aus. Achten Sie darauf, daß Sie das
Gras nicht vergessen. Um
die untere weiße Fläche auszuschneiden, stechen Sie mit
der Scherenspitze rechts unten ein und schneiden in einer geschwungenen Linie
bis zur linken unteren Ecke.
Nun beginnen Sie
wieder von rechts
und schneiden Gras,
Pilze und den Vogel
aus.

Bäume mit Kirche

Bei diesem Baum sollten Sie darauf achten, daß Sie die kleinen Spitzen an den Zweigen versetzt schneiden. Sollten Sie versehentlich einen Zweig abgeschnitten oder abgerissen haben schneiden Sie den Riß glatt ab und kleben Sie das abgetrennte

Teil später auf (siehe auch „Haben Sie versehentlich zuviel abgeschnitten ?").

Wintermotive
Bäume mit Vögeln

Schneiden Sie zuerst den Umriß des
Motivs aus. Dann schneiden Sie die
weißen Flächen aus, indem Sie mit
der Scherenspitze rechts unten einstechen und gegen den Uhrzeigersinn
schneiden. Die großen weißen
Flächen unten erhalten Sie wie folgt:
Zuerst stechen Sie mit der Scherenspitze ein Loch in die rechte untere
Ecke und schneiden gegen den Uhrzeigersinn bis in die linke untere
Ecke. Dann beginnen Sie wieder
von rechts und schneiden die
Sträucher, den Weg und
den Vogel aus.

Winterfütterung

Zuerst schneiden Sie Ihr gesamtes Motiv von rechts nach links in den Umrissen aus. Die Beine des Rehs schneiden Sie ebenfalls von rechts nach links aus. Im unteren Teil stechen Sie mit der Scherenspitze in der rechten unteren Ecke ein und schneiden gegen den Uhrzeigersinn bis in die linke untere Ecke. Dann erst schneiden Sie von rechts nach links die Sträucher, den Vogel und den Hasen aus.

Kirche mit Vögeln

Schneiden Sie zuerst den Umriß gegen den Uhrzeigersinn aus. Dann schneiden Sie die weißen Flächen ebenfalls gegen den Uhrzeigersinn aus, und zwar immer von oben nach unten, das heißt, Sie beginnen mit der Turmspitze, dann folgen die Fenster, die Tür und das Vogelhaus. Zum Schluß schneiden Sie den unteren Teil mit dem Weg und dem Strauch aus.

Baum mit Schneemann

Bei diesem Baum schneiden Sie links und rechts neben Ihren gezeichneten Linien, so daß Ihre Zeichnung stehen bleibt. Dadurch werden die Äste gleichmäßig und sind leicht auszuschneiden.

Kerzen

Sie beginnen unten in der Mitte des Motivs und schneiden den Umriß aus. Dann schneiden Sie das Innere der Kerzen und der Flammen von oben nach unten gegen den Uhrzeigersinn aus. Zum Schluß schneiden Sie die Glocken oder Herzen ebenfalls gegen den Uhrzeigersinn aus.

Weihnachtsbaum

Beginnen Sie unten in der Mitte des
Motivs und schneiden Sie den Umriß
aus. Die Kugel, die Herzen und die
Glocke in der Mitte des Tannenbau-
mes arbeiten Sie heraus, indem Sie
mit der Scherenspitze einstechen und
gegen den Uhrzeigersinn ausschneiden.

Engel

Der Engel wird in einem Stück fertig
geschnitten. Dann schneiden Sie mit
der Scherenspitze den Haarkranz
aus. Alle Teile des Kleides werden
gegen den Uhrzeigersinn ausgeschnitten. Schneiden Sie dabei immer

von oben nach unten, das heißt, erst
die Schultern, dann die Arme, den
Körper und zuletzt den Rock. Aus den
Flügeln des Engels schneiden Sie
dünne Streifen aus.

Maria und Josef

Zuerst schneiden Sie den Umriß des Motivs. Danach schneiden Sie den Innenteil von rechts nach links aus.

Zum Schluß schneiden Sie die Kleidung von oben nach unten gegen den Uhrzeigersinn aus.

Weihnachtsmann

Zuerst schneiden Sie die Umrisse des Weihnachtsmannes. Dann schneiden Sie die weißen Flächen aus, indem Sie mit der Scherenspitze ein Loch

stechen und gegen den Uhrzeigersinn schneiden. Sie beginnen
mit der Mütze und schneiden
dann den Kragen, den Arm, die
Tasche und zum Schluß die Ho-
sen aus.

Kinder

Kinder mit Blumen und Tieren

Schneiden Sie zuerst den Umriß des
Motivs aus. Damit beginnen Sie oben
in der Mitte und schneiden gegen den
Uhrzeigersinn.
Danach schneiden Sie die weißen
Flächen aus. Beginnen Sie oben am

Hut und arbeiten sich nach unten durch. Stechen Sie mit der Scherenspitze ein Loch in die auszuschneidende Fläche und schneiden Sie gegen den Uhrzeigersinn.

Den Rocksaum schneiden Sie von rechts nach links im Bogen.

Wollen Sie feine Streifen ausschneiden, arbeiten Sie nur mit der Scherenspitze.

Mädchen mit Luftballons

In die Luftballons des Mädchens können Sie ein Geburtsdatum oder eine
Jahreszahl einarbeiten.

Glockenkind

Bei diesem Motiv sollten Sie darauf
achten, daß Sie die Blätter auf der
linken Seite lang und dünn arbeiten.
Das Profil des Kindes arbeiten Sie mit
der Scherenspitze heraus.

Glockenkind mit Storch

Wenn Sie den Storch ausschneiden, beginnen Sie rechts unten am Bein und schneiden bis zum Schnabel. Dann stechen Sie in
der Mitte zwischen Schnabel und Hals mit
der Scherenspitze ein und schneiden die
Fläche aus. Erst dann
schneiden Sie am Bein
entlang nach unten.

Kinder mit Apfelbaum

Zuerst schneiden Sie die Umrisse des Motivs aus. Für die Äpfel schneiden Sie ein Halbrund, dann drei kleine Spitzen und wieder ein Halbrund. Für den Haarkranz stechen Sie mit der Schere kleine Löcher und schneiden sie rund aus. Die weißen Flächen in der Kleidung schneiden Sie von oben nach unten gegen den Uhrzeigersinn aus.

Bei den weißen Flächen zwischen Baumstamm und Kindern beginnen Sie in der Mitte und schneiden ebenfalls gegen den Uhrzeigersinn aus.

Brautpaar unter einem Rosenbogen

Bei diesem Motiv schneiden Sie als erstes den Rosenbogen von außen und innen aus. Aus den Rosenblüten schneiden Sie am mittleren Rundbogen mit der Scherenspitze feine weiße Streifen heraus.

Das Brautpaar schneiden Sie aus dem Mittelteil von rechts nach links aus. Für die weißen Flächen innerhalb der Figuren stechen Sie in der Mitte des Feldes ein und schneiden gegen den Uhrzeigersinn. Die Knöpfe schneiden Sie mit der Scherenspitze.

Märchenmotive

Sterntaler

Die Haare von Sterntaler schneiden Sie auf der linken Seite vom Kleid gegen den Uhrzeigersinn mit aus. Den unteren Rand im Inneren des Kleides schneiden Sie von rechts nach links in kleinen spitzen Bogen. Sterne und Taler schneiden Sie einzeln aus und kleben sie zum Schluß auf.

Rotkäppchen

Zum Ausschneiden der Innenteile
von Rotkäppchen stechen Sie in der
Mitte mit der Schere ein und schnei-

den die Flächen gegen den Uhrzeigersinn aus.

In den Korb schneiden Sie zuerst von rechts nach links dünne Streifen. Dann schneiden Sie versetzt von unten nach oben kurze Streifen aus. Um den Wolf auszuschneiden, stechen Sie rechts unten am zweiten Bein ein. Dann schneiden Sie das Bein entlang nach oben, den Bauch entlang nach links und am Baumstamm wieder nach unten. Auf der anderen Seite des Baumes machen Sie es umgekehrt: Zuerst schneiden Sie den Stamm entlang nach oben, dann das Bein entlang nach unten. Als letztes schneiden Sie das Gras aus.

Tanzender Zwerg

Sie schneiden alles gegen den Uhrzeigersinn aus und beginnen mit der Mütze des Zwerges. Dann schneiden Sie den Kragen, in leichtem Bogen die Arme, den Körper, die Beine und die Füße. Zum Schluß schneiden Sie den Knopf und den Schmetterling aus.

Die feinen Streifen im Inneren der
Gans schneiden Sie aus, indem Sie
von rechts nach links und wieder
zurück nach rechts schneiden.

Hänsel und Gretel

Bei diesem Motiv schneiden Sie das
Hexenhaus aus der Tanne heraus.
Sie beginnen am Dach und schneiden
von oben nach unten. Für die Fenster
und Herzen stechen Sie mit der Schere ein Loch und schneiden die
Flächen mit der Spitze gegen
den Uhrzeigersinn aus.

Weiße Scherenschnitte

auf schwarzem Hintergrund

Eine besondere Wirkung erzielen Sie, wenn Sie Ihren Scherenschnitt aus weißem Papier ausschneiden und auf einen schwarzen Hintergrund aufkleben. Die Arbeitsweise än-

dert sich gegenüber dem schwarzen Scherenschnitt auf weißem Hintergrund nicht: Sie beginnen in der rechten unteren Ecke und schneiden zuerst die Umrisse aus. Dann arbei-

ten Sie die Innenflächen, die nun schwarz werden, heraus, indem Sie mit der Scherenspitze ein kleines Loch stechen und die Fläche gegen den Uhrzeigersinn ausschneiden.

Bunte Scherenschnitte

Besondere Farbeffekte können Sie erzielen, indem Sie buntes Scherenschnittpapier und buntes Hintergrundpapier verwenden. Die Arbeitsweise ändert sich gegenüber dem schwarzen Scherenschnitt auf weißem Hintergrund nicht.

Eine Auswahl aus unserem Gesamtprogramm

ISBN 3-8241-0601-9
Broschur, 64 Seiten

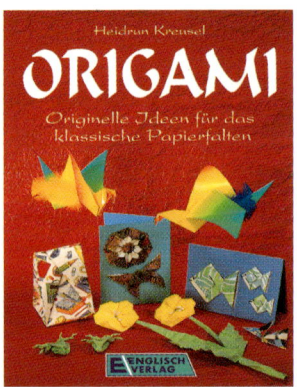

ISBN 3-8241-0562-4
Broschur, 64 Seiten

ISBN 3-8241-0580-2
Broschur, 64 Seiten

ISBN 3-8241-0727-9
Broschur, 32 Seiten

ISBN 3-8241-0410-5
Hardcover, 64 Seiten

ISBN 3-8241-0715-5
Broschur, 64 Seiten

ISBN 3-8241-0582-9
Hardcover, 64 Seiten

ISBN 3-8241-0708-2
Broschur, 32 Seiten

ISBN 3-8241-0666-3
Broschur, 64 Seiten